AF219233

Impressum
Verlag: BABADADA GmbH, Nedderfeld 112 , 22529 Hamburg
Geschäftsführer / Verlagsleitung: Harald Hof
Druck: Books on Demand GmbH, In de Tarpen 42, 22848 Norderstedt

Imprint
Publisher: BABADADA GmbH, Nedderfeld 112 , 22529 Hamburg, Germany
Managing Director / Publishing direction: Harald Hof
Print: Books on Demand GmbH, In de Tarpen 42, 22848 Norderstedt

de School

école

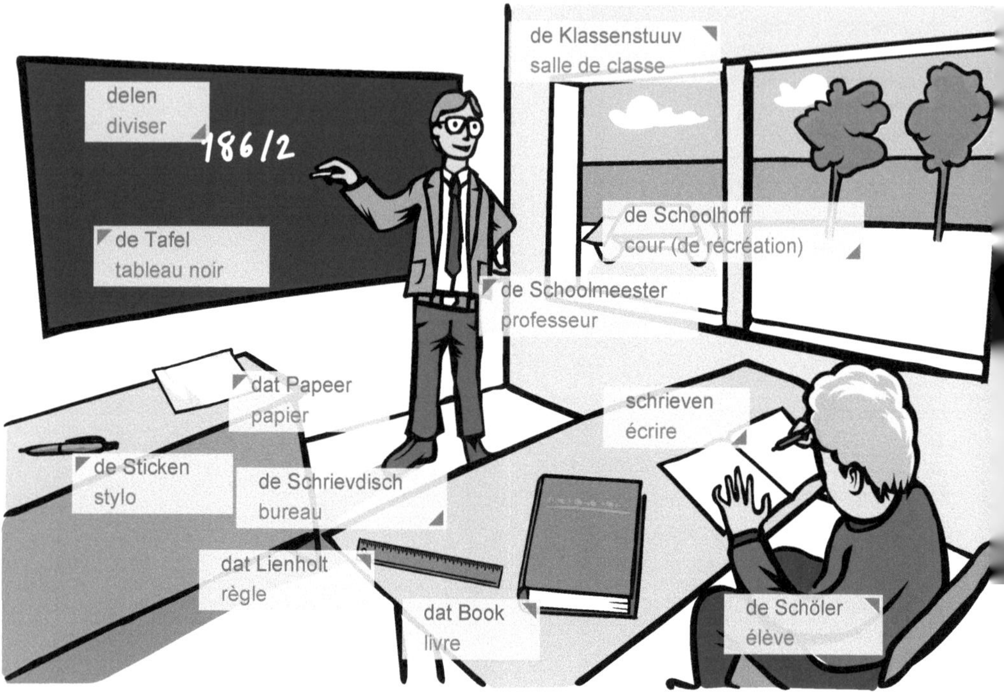
de Klassenstuuv
salle de classe
delen
diviser
186/2
de Tafel
tableau noir
de Schoolhoff
cour (de récréation)
de Schoolmeester
professeur
dat Papeer
papier
schrieven
écrire
de Sticken
stylo
de Schrievdisch
bureau
dat Lienholt
règle
dat Book
livre
de Schöler
élève

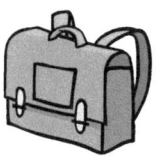

de Ranzel

cartable

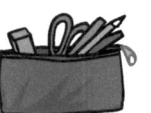

de Feddermapp

trousse

de Bleesticken

crayon

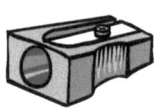

de Scharpmaker

taille-crayon

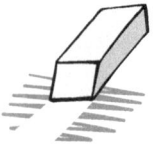

dat Radeergummi

gomme

de Tekenblock

carnet à dessin

de Teken
dessin

de Pinsel
pinceau

de Malkassen
boîte de peinture

de Scheer
ciseaux

de Klever
colle

dat Heft to'n Öven
cahier d'exercices

de Huusopgaav
devoirs

de Tall
chiffre

2+2

tohooptellen
additionner

5-2

aftrecken
soustraire

2×2

malnehmen
multiplier

reken
calculer

A

de Bookstaav
lettre

ABCDEFG HIJKLMN OPQRSTU VWXYZ

dat ABC
alphabet

hello

dat Woort
mot

de Text

texte

lesen

lire

de Kried

craie

de Stunn

leçon

dat Klassenbook

livre de classe

de Pröven

examen

dat Tüügnis

certificat

de Schooluniform

uniforme scolaire

de Utbillen

formation

dat Nakieksel

lexique

de Universität

université

dat Mikroskop

microscope

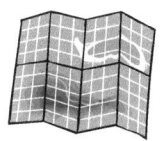

de Koort

carte

de Papeerkorf

corbeille à papier

de School - école

de Törn
voyage

dat Hotel
hôtel
Grand
de Harbarg
auberge
ROOMS
CHANGE
de Wesselstuuv
bureau de change
de Kuffer
valise
dat Auto
voiture

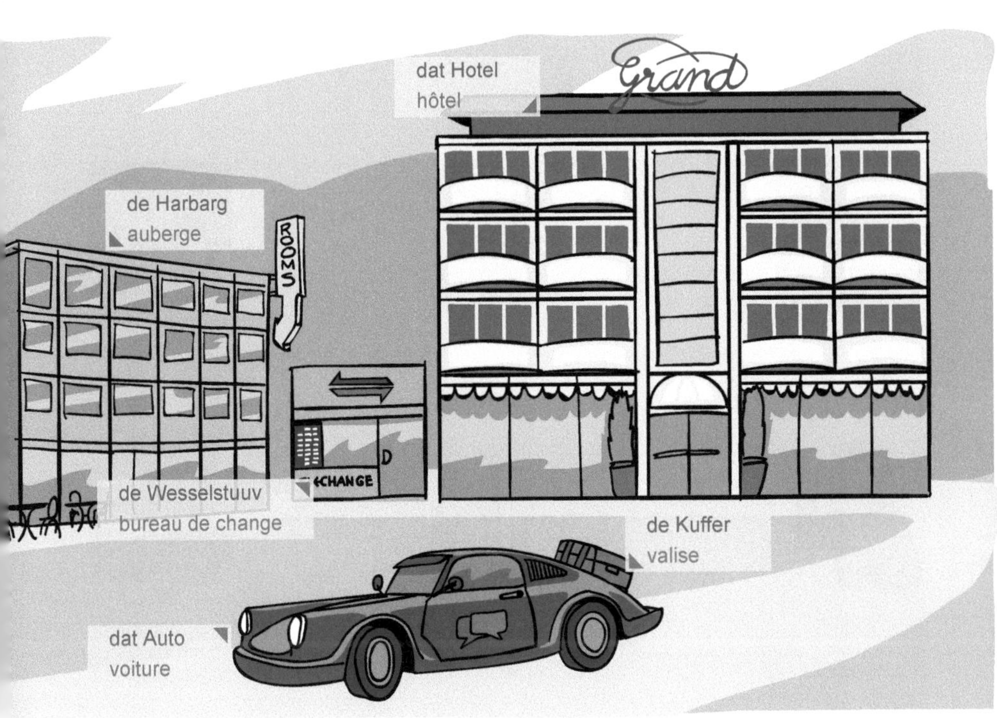

de Spraak

langue

jo / ne

oui / non

Jo

d'accord

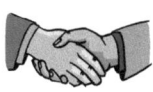

Moin

Salut

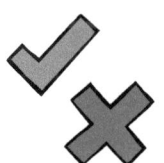

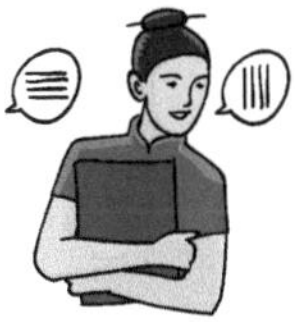

de Översetter

interprète

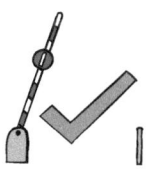

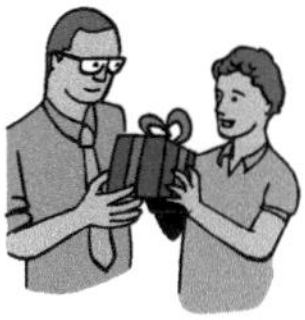

Dank ok

merci

Wat kost…?

Combien coûte…?

Ik verstah nich

Je ne comprends pas

dat Problem

problème

Goden Avend

Bonsoir !

Moin!

Bonjour !

Gode Nacht!

Bonne nuit !

Tschüüs

Au revoir

de Richt

direction

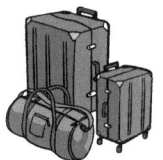

de Bagaasch

bagages

de Tasch

sac

de Rüchsack

sac-à-dos

de Gast

hôte

de Stuuv

pièce

de Slaapsack

sac de couchage

dat Telt

tente

Touristeninformatschoon

office de tourisme

de Strand

plage

de Kreditkoort

carte de crédit

dat Fröhstück

petit-déjeuner

dat Meddageten

déjeuner

dat Avendeten

dîner

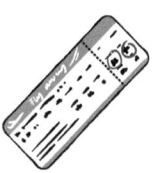

de Fohrkort

billet

de Fohrstohl

ascenseur

de Breefmark

timbre

de Grenz

frontière

de Toll

douane

de Bottschop

ambassade

dat Visum

visa

de Pass

passeport

de Transport
transport

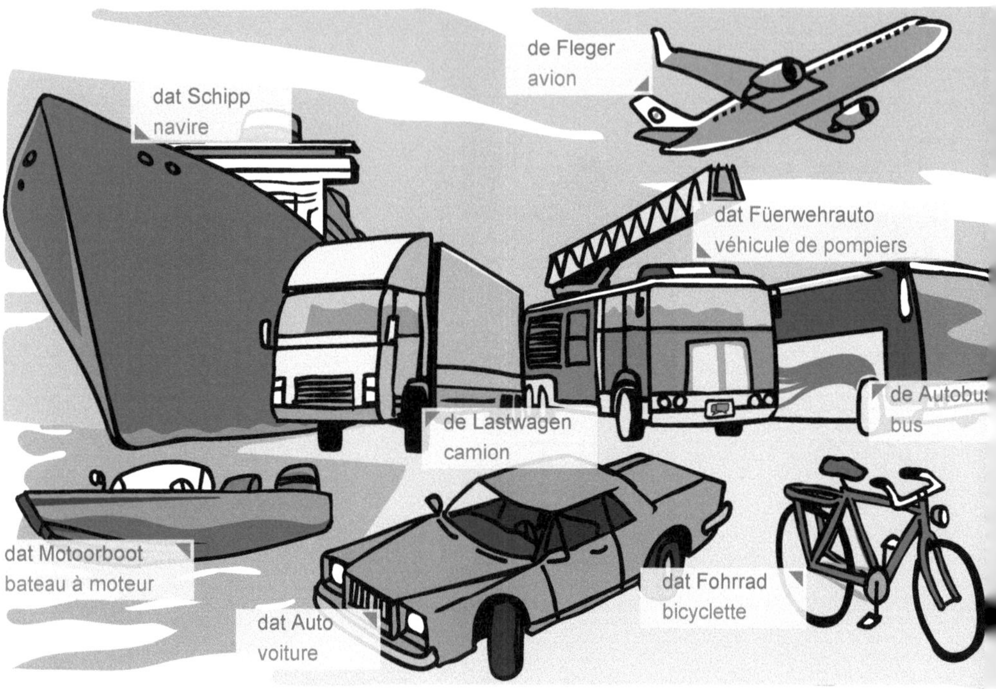
de Fleger
avion
dat Schipp
navire
dat Füerwehrauto
véhicule de pompiers
de Autobus
bus
de Lastwagen
camion
dat Motoorboot
bateau à moteur
dat Fohrrad
bicyclette
dat Auto
voiture

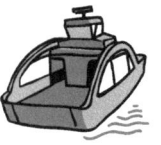

de Fähr

ferry

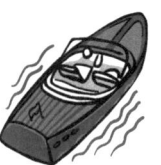

dat Boot

barque

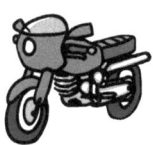

dat Motoorrad

moto

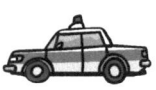

dat Polizeiauto

voiture de police

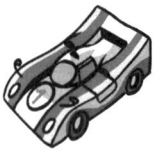

dat Rönnauto

voiture de course

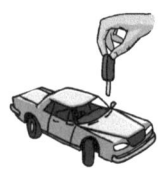

de Lehnwagen

voiture de location

dat Carsharing

auto-partage

de Afsleepwagen

voiture de remorquage

dat Müllauto

benne à ordures

de Motoor

moteur

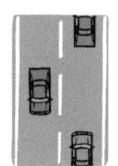

de Kraftstoff

essence

de Tanksteed

station d'essence

dat Verkehrsschild

panneau indicateur

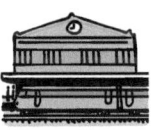

de Verkehr

trafic

de Stau

embouteillage

de Afstellplatz

parking

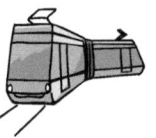

de Bahnhoff

gare

de Sporen

rails

de Tog

train

de Stratenbahn

tramway

de Wagon

wagon

de Dwarsmöhl

hélicoptère

de Flooghaven

aéroport

de Tower

tour

de Fohrgast

passager

de Grootkist

conteneur

de Karton

carton

de Koor

chariot

de Korf

corbeille

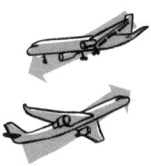

starten / lannen

décoller / atterrir

de Stadt
ville

dat Dörp

village

de Binnenstadt

centre-ville

dat Huus

maison

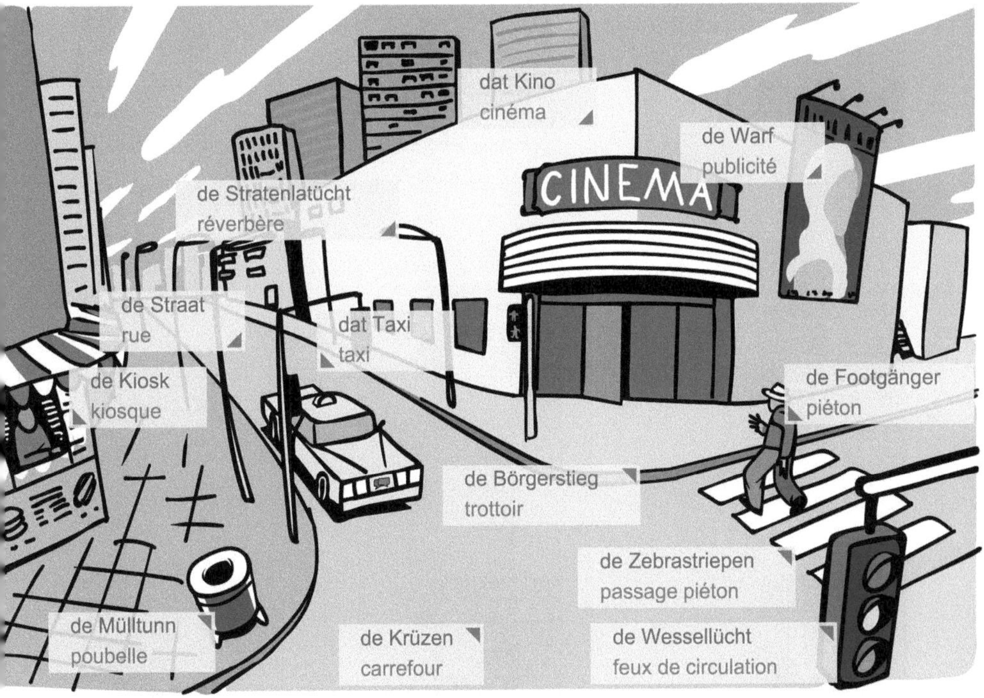
dat Kino
cinéma
de Warf
publicité
CINEMA
de Stratenlatücht
réverbère
de Straat
rue
dat Taxi
taxi
de Kiosk
kiosque
de Footgänger
piéton
de Börgerstieg
trottoir
de Zebrastriepen
passage piéton
de Mülltunn
poubelle
de Krüzen
carrefour
de Wessellücht
feux de circulation

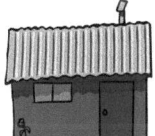

de Hütt

cabane

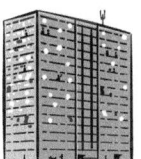

de Wahnung

appartement

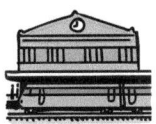

de Bahnhoff

gare

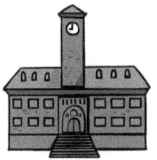

dat Raathuus

mairie

MUSEUM

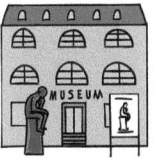

dat Museum

musée

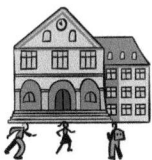

de School

école

de Universität

université

de Bank

banque

dat Krankenhuus

hôpital

dat Hotel

hôtel

de Afteek

pharmacie

dat Büro

bureau

de Bookhökerie

librairie

de Hökerie

magasin

de Blomenhökerie

fleuriste

de Supermarkt

supermarché

de Markt

marché

dat Koophuus

grand magasin

de Fischhökerie

poissonnerie

dat Inkoopszentrum

centre commercial

de Haven

port

de Stadt   -   ville

de Parkanlaag

parc

de Bank

banque

de Brüch

pont

de Trepp

escaliers

de Ünnergrundbahn

métro

de Tunnel

tunnel

de Busstoppsteed

arrêt de bus

de Bar

bar

dat Spieslokal

restaurant

de Breefkassen

boîte à lettres

dat Stratenschild

panneau indicateur

de Parkklock

parcmètre

de Deertenpark

zoo

de Baadanstalt

piscine

de Moschee

mosquée

de Stadt - ville

de Buernhoff

ferme

de Ümweltversmudden

pollution

de Karkhoff

cimetière

de Kark

église

de Speelplatz

aire de jeux

de Tempel

temple

de Landschop
paysage

dat Blatt
feuille

de Wiespahl
panneau indicateur

de Weg
chemin

de Wisch
pré

de Steen
pierre

de Boom
arbre

de Wannerer
randonneur

de Fluss
rivière

dat Gras
herbe

de Bloom
fleur

dat Daal
vallée

de Barg
montagne

de See
lac

dat Holt
forêt

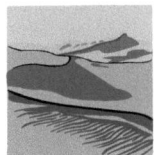

de Wööst
désert

de Füerspien Barg
volcan

dat Slott
château

de Regenbagen
arc-en-ciel

de Poggenstohl
champignon

de Palm
palmier

de Steekmück
moustique

de Fleeg
mouche

de Miegeemk
fourmis

de Imm
abeille

de Spinn
araignée

de Sebber
coléoptère

de Pogg
grenouille

de Katteker
écureuil

de Swienegel
hérisson

de Haas
lièvre

de Uul
chouette

de Vagel
oiseau

de Swaan
cygne

dat Wildswien
sanglier

de Hirsch
cerf

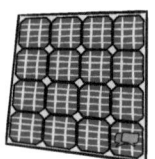

de Elk
élan

de Staudamm
barrage

dat Windrad
éolienne

dat Solarmodul
panneau solaire

dat Klima
climat

dat Spieslokal
restaurant

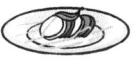

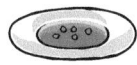

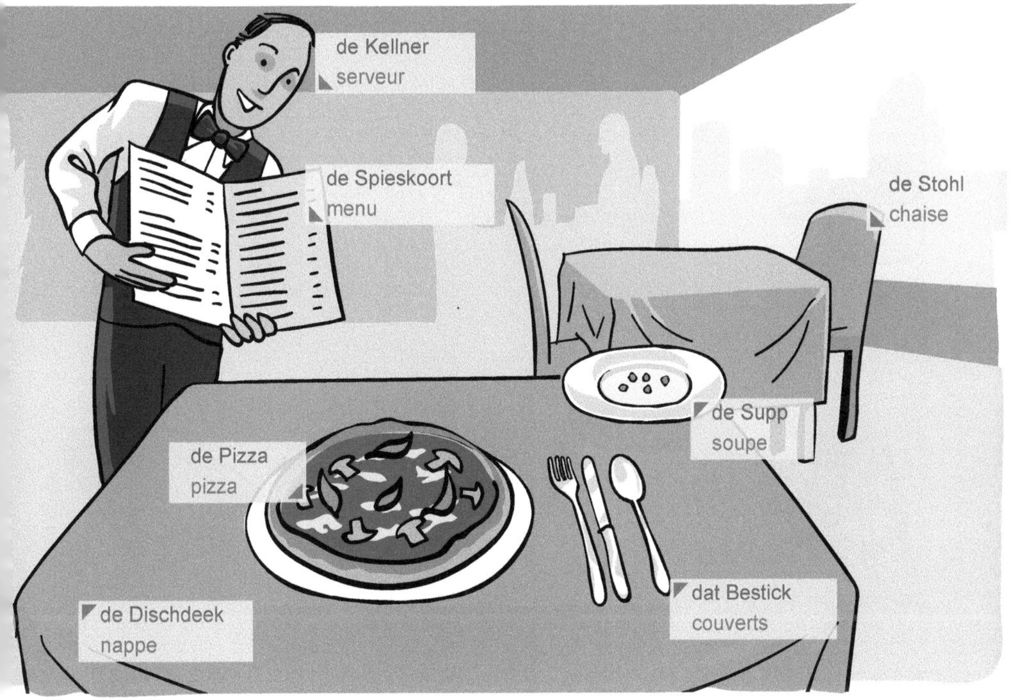
de Kellner
serveur
de Spieskoort
menu
de Stohl
chaise
de Supp
soupe
de Pizza
pizza
dat Bestick
couverts
de Dischdeek
nappe

de Vörspies

hors d'œuvre

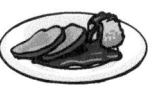

dat Haupteten

plat principal

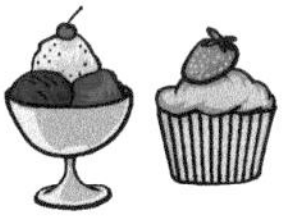

de Nadisch

dessert

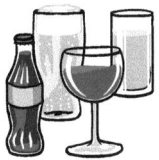

de Drünk

boissons

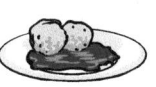

dat Eten

alimentation

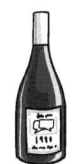

de Buddel

bouteille

dat Fastfood

fast-food

dat Strateneten

plats à emporter

de Teekann

théière

de Zuckerdoos

sucrier

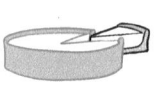

de Portschoon

portion

de Espressomaschien

machine à expresso

de Hoochstohl

chaise haute

de Reken

facture

dat Tablett

plateau

dat Mess

couteau

de Gavel

fourchette

de Lepel

cuillère

de Teelepel

cuillère à thé

dat Munddook

serviette

dat Glas

verre

de Töller

assiette

de Suppentöller

assiette à soupe

de Ünnertass

soucoupe

de Sooß

sauce

de Soltstreuer

salière

de Pepermöhl

moulin à poivre

de Etig

vinaigre

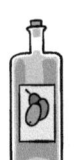

dat Ööl

huile

de Krüder

épices

de Ketchup

ketchup

de Mostrich

moutarde

de Mayonnaise

mayonnaise

de Supermarkt
supermarché

dat Anbott
offre promotionnelle
FOR
de Kunn
client
de Melkprodukten
produits laitiers
dat Aaft
fruits
de Inkoopswagen
chariot

BUTCHERS

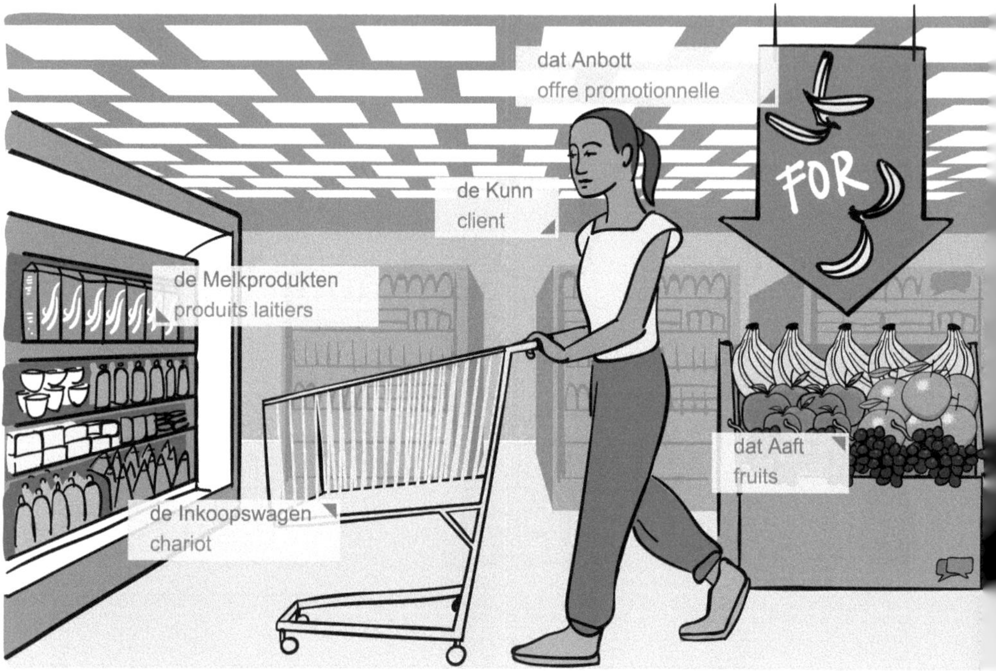

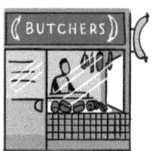

de Slachterie

boucherie

BAKERY

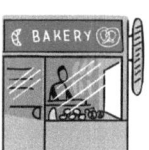

de Bäckerie

boulangerie

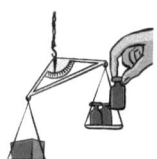

wegen

peser

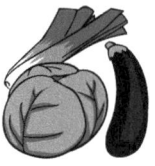

de Gröönsaken

légumes

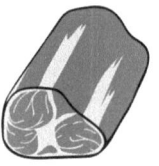

dat Fleesch

viande

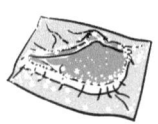

de Deepköhlkost

aliments surgelés

de Opsnitt

charcuterie

de Konserven

conserves

de Waschmiddel

poudre à lessive

de Snoopkraam

bonbons

de Huushooltssaken

articles ménagers

de Reinmaaktüüch

détergents

de Verköpersche

vendeuse

de Kass

caisse

de Kasserer

caissier

de Inkoopslist

liste d'achats

de Opsparrtieden

heures d'ouverture

de Breeftasch

portefeuille

de Kreditkoort

carte de crédit

de Tasch

sac

de Plastiktüüt

sac en plastique

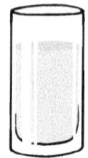

dat Water

eau

de Saft

jus de fruit

de Melk

lait

de Cola

coca

de Wien

vin

dat Beer

bière

de Spriet

alcool

de Kakao

chocolat chaud

de Tee

thé

de Koffie

café

de Espresso

expresso

de Cappucino

cappuccino

de Banaan

banane

de Appel

pomme

de Appelsien

orange

de Meloon

melon

de Zitroon

citron

de Wöttel

carotte

de Knuuvlook

ail

de Bambus

bambou

de Zibbel

oignon

de Poggenstohl

champignon

de Nööt

noisettes

de Nudeln

pâtes

de Spaghetti

spaghetti

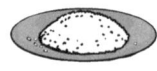

de Ries

riz

de Salat

salade

de Pommes frites

pommes frites

de Braadkantüffeln

pommes de terre rôties

de Pizza

pizza

de Hamborger

hamburger

dat Sandwich

sandwich

dat Snitzel

escalope

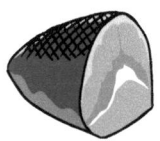

de Schinken

jambon

de Salami

salami

de Wust

saucisse

dat Hohn

poulet

de Braden

rôti

de Fisch

poisson

de Haverflocken

flocons d'avoine

dat Müsli

muesli

de Cornflakes

cornflakes

dat Mehl

farine

de Croissant

croissant

dat Rundstück

petits-pains

dat Broot

pain

dat Toast

pain grillé

de Keksen

biscuits

de Botter

beurre

de Quark

le fromage blanc

de Koken

gâteau

dat Ei

œuf

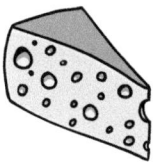

dat Spegelei

œuf au plat

de Kees

fromage

de Ies

glace

de Zucker

sucre

de Honnig

miel

de Marmelaad

confiture

de Nougat-Creme

crème nougat

dat Curry

curry

de Buernhoff
ferme

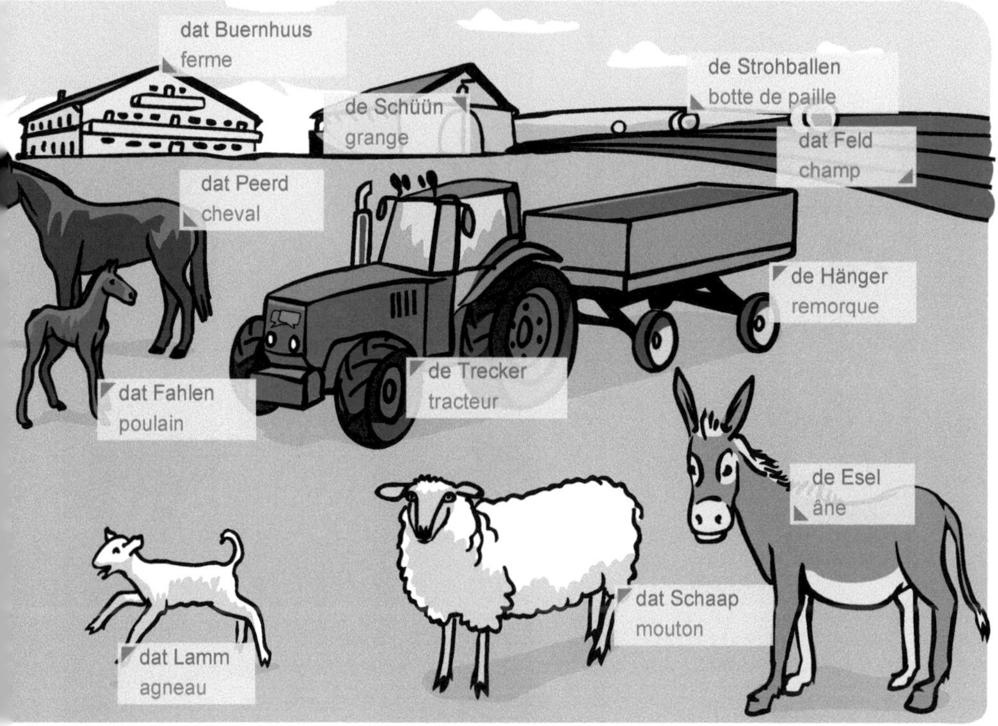
dat Buernhuus
ferme
de Schüün
grange
de Strohballen
botte de paille
dat Feld
champ
dat Peerd
cheval
de Hänger
remorque
dat Fahlen
poulain
de Trecker
tracteur
de Esel
âne
dat Schaap
mouton
dat Lamm
agneau

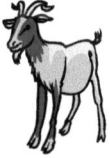

de Zeeg
chèvre

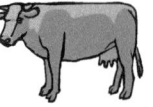

de Koh
vache

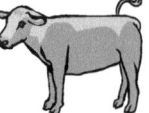

dat Kalf
veau

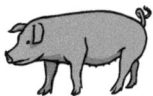

dat Swien
porc

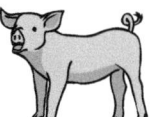

dat Farken
porcelet

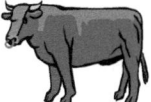

de Bull
taureau

de Goos

oie

de Aant

canard

dat Küken

poussin

dat Hohn

poule

de Hahn

coq

de Rott

rat

de Katt

chat

de Muus

souris

de Oss

bœuf

de Hund

chien

de Hunnenhütt

chenil

de Goornslauch

tuyau de jardin

de Geetkann

arrosoir

de Lee

faucheuse

de Ploog

charrue

de Sich

faucille

de Hack

pioche

de Mestfork

fourche

de Ext

hache

de Schuufkoor

brouette

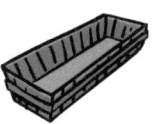

de Trog

cuve

de Melkkann

pot à lait

de Sack

sac

de Tuun

clôture

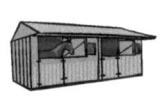

de Stall

étable

dat Drievhuus

serre

de Bodden

sol

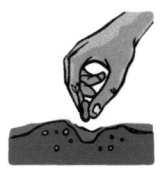

de Saat

semences

de Dünger

engrais

de Meihdöscher

moissonneuse-batteuse

oornen

récolter

de Oorn

récolte

de Yamswöttel

igname

de Weten

blé

dat Soja

soja

de Kantüffel

pomme de terre

de Törksche Weten

maïs

de Rapp

colza

de Aaftboom

arbre fruitier

de Troopsch Kantüffel

manioc

dat Koorn

céréales

dat Huus
maison

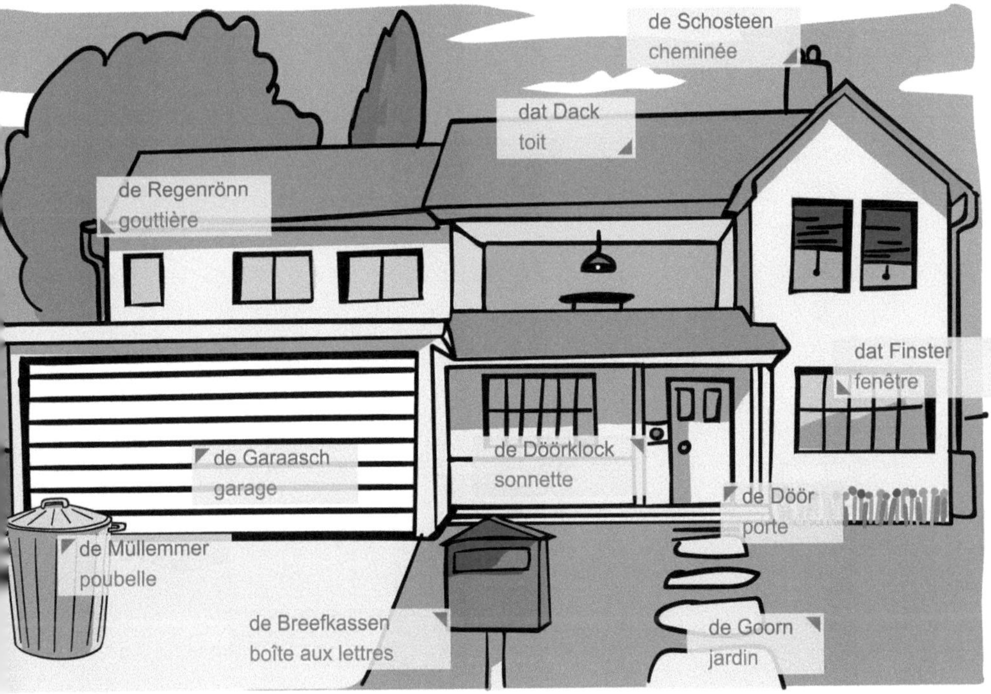
de Schosteen
cheminée
dat Dack
toit
de Regenrönn
gouttière
dat Finster
fenêtre
de Garaasch
garage
de Döörklock
sonnette
de Döör
porte
de Müllemmer
poubelle
de Breefkassen
boîte aux lettres
de Goorn
jardin

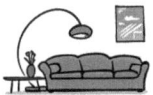

de Wahnstuuv

salon

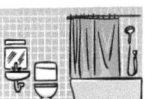

de Baadstuuv

salle de bain

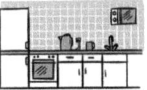

de Köök

cuisine

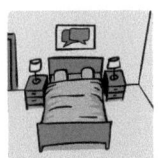

de Slaapstuuv

chambre à coucher

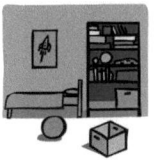

de Kinnerstuuv

chambre d'enfant

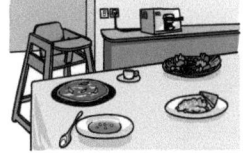

de Eetstuuv

salle à manger

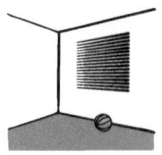

de Footbodden

sol

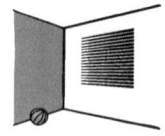

de Wand

mur

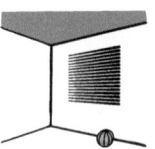

de Deek

plafond

de Keller

cave

dat Hittluftbad

sauna

de Balkon

balcon

de Terrass

terrasse

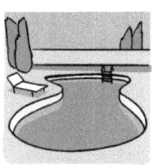

dat Swümmbad

piscine

de Rasenmeiher

tondeuse à gazon

de Bettbetog

housse

de Bettdeek

couette

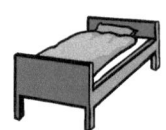

de Puuch

lit

de Bessen

balai

de Emmer

sceau

de Schalter

interrupteur

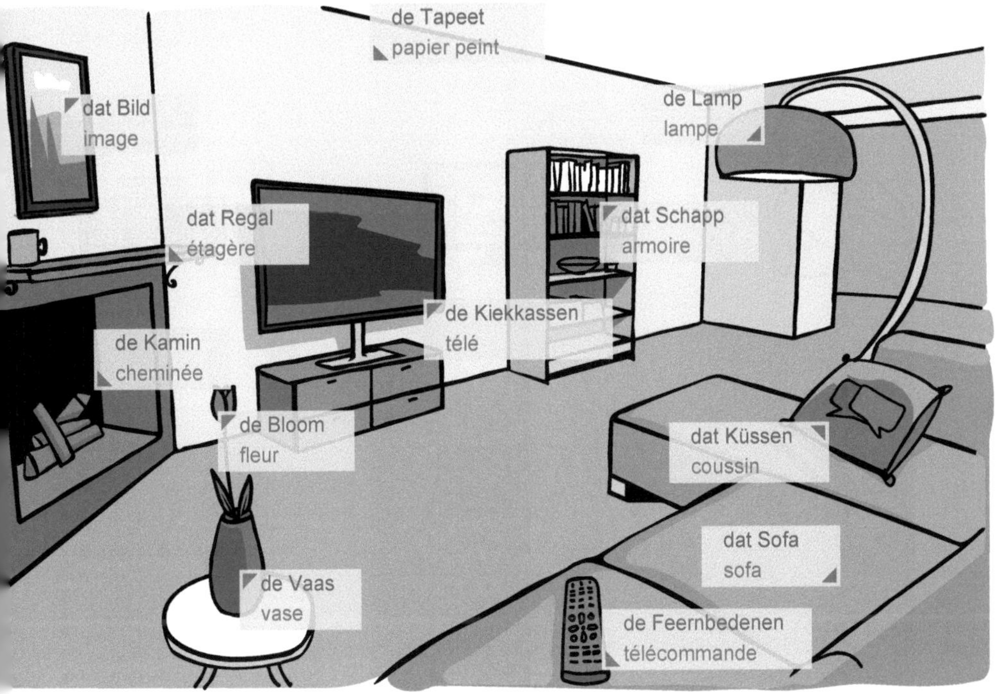

de Tapeet
papier peint

dat Bild
image

de Lamp
lampe

dat Regal
étagère

dat Schapp
armoire

de Kiekkassen
télé

de Kamin
cheminée

de Bloom
fleur

dat Küssen
coussin

dat Sofa
sofa

de Vaas
vase

de Feernbedenen
télécommande

	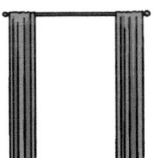	
de Teppich	de Vörhang	de Disch
tapis	rideau	table

de Stohl	de Schuckelstohl	de Sessel
chaise	chaise à bascule	fauteuil

dat Book
....
livre

de Deek
....
couverture

de Dekoratschoon
....
décoration

dat Füerholt
....
bois de chauffage

de Film
....
film

de Stereoanlaag
....
chaîne hi-fi

de Slötel
....
clé

dat Narichtenblatt
....
journal

dat Gemälde
....
peinture

dat Poster
....
poster

dat Radio
....
radio

de Opschrievblock
....
bloc-notes

de Huulbessen
....
aspirateur

de Kaktus
....
cactus

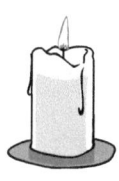

de Kars
....
bougie

de Köök
cuisine

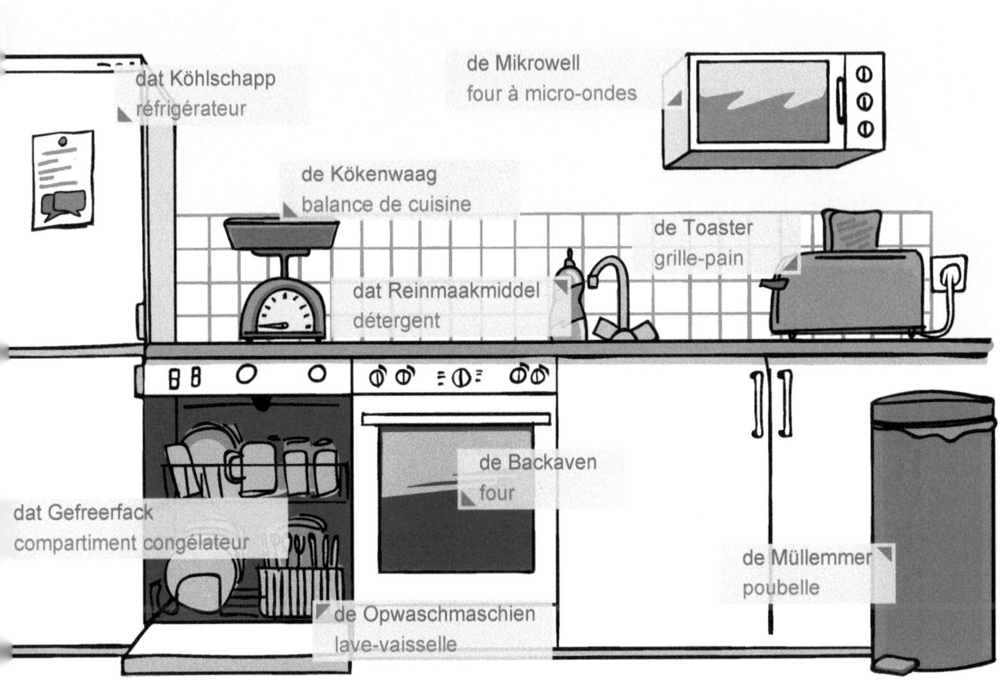
dat Köhlschapp
réfrigérateur
de Mikrowell
four à micro-ondes
de Kökenwaag
balance de cuisine
de Toaster
grille-pain
dat Reinmaakmiddel
détergent
de Backaven
four
dat Gefreerfack
compartiment congélateur
de Müllemmer
poubelle
de Opwaschmaschien
lave-vaisselle

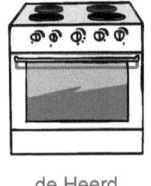

de Heerd

four

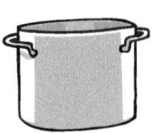

de Pott

casserole

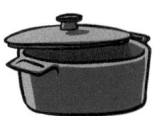

de Gussiesern Putt

marmite

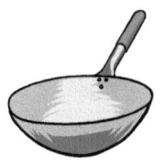

de Wok / Kadai

wok / kadai

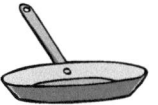

de Pann

poêle

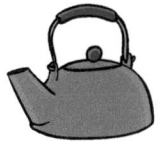

de Waterkaker

bouilloire electrique

de Dampkaakputt

cuiseur vapeur

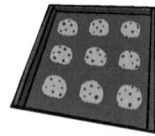

dat Backblick

plaque de cuisson

dat Geschirr

vaisselle

de Beker

gobelet

de Schaal

coupe

de Eetsticken

baguettes

de Suppenkell

louche

de Pannenwenner

spatule

de Sneebessen

fouet

dat Kaakseef

passoire

dat Seef

tamis

de Riev

râpe

de Mörser

mortier

de Grill

barbecue

de Füerstell

cheminée

dat Sniedbrett

planche à découper

dat Nudelholt

rouleau à pâtisserie

de Proppentrecker

tire-bouchon

de Doos

boîte

de Dosenaapner

ouvre-boîte

de Pottlappen

maniques

dat Waschbecken

lavabo

de Böst

brosse

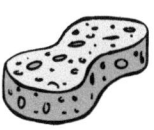

de Swamm

éponge

de Mixer

mixeur

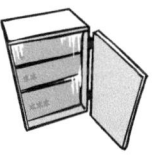

dat Iesschapp

congélateur

de Nuckelbuddel

biberon

de Waterhahn

robinet

de Baadstuuv

salle de bain

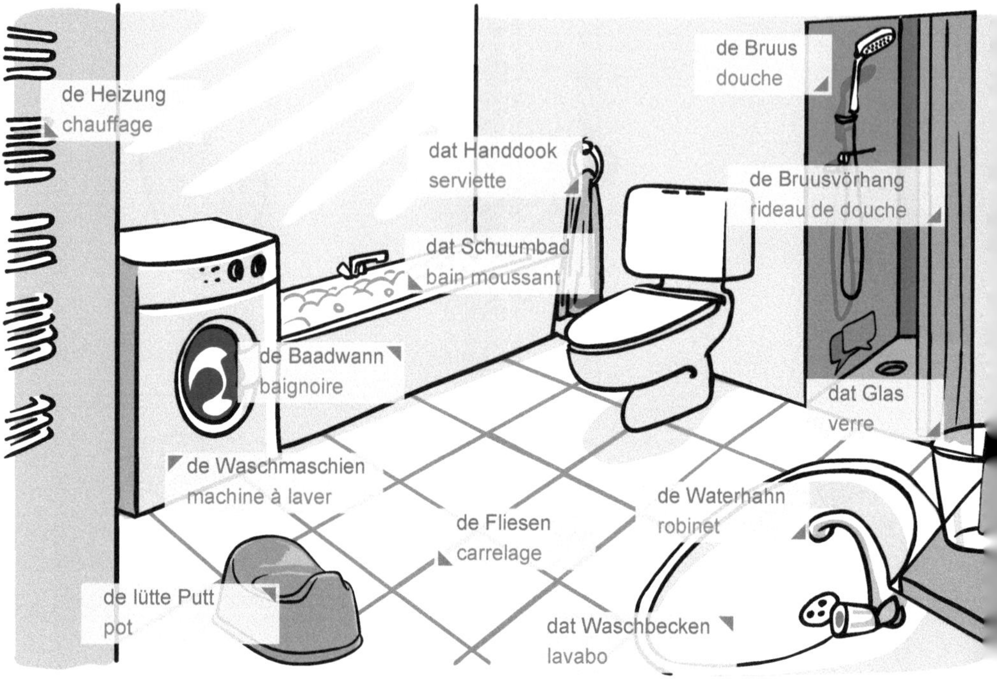

de Heizung
chauffage
de Bruus
douche
dat Handdook
serviette
de Bruusvörhang
rideau de douche
dat Schuumbad
bain moussant
de Baadwann
baignoire
dat Glas
verre
de Waschmaschien
machine à laver
de Waterhahn
robinet
de Fliesen
carrelage
de lütte Putt
pot
dat Waschbecken
lavabo

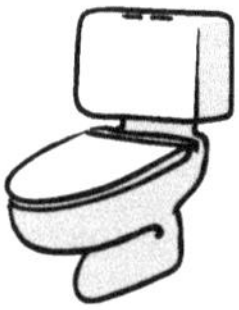

de Tante Meier

toilettes

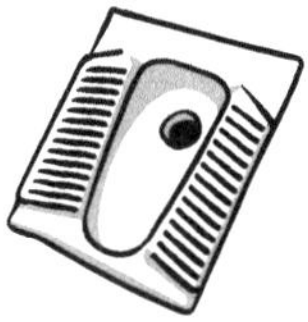

de Hockklo

toilette à la turque

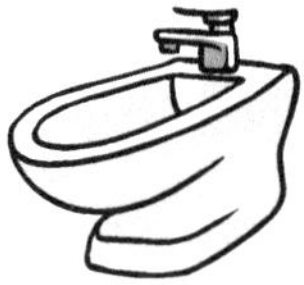

dat Bidet

bidet

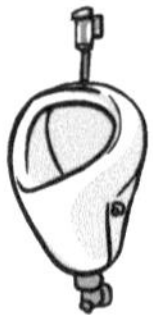

dat Miegbecken

urinoir

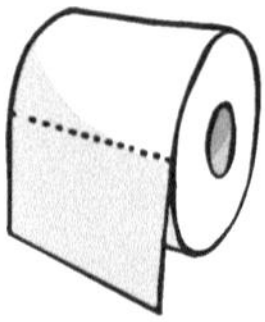

dat Klopapeer

papier toilette

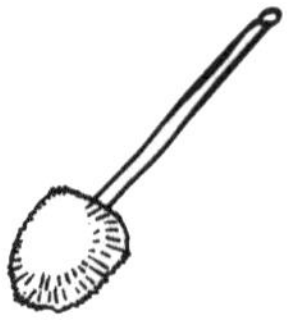

de Kloböst

brosse à toilette

de Tähnböst

brosse à dents

de Tähnpast

dentifrice

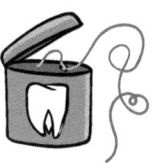

de Tähnsied

fil dentaire

waschen

laver

de Handbruus

douche manuelle

de Intimbruus

douche intime

de Waschschöttel

vasque

de Rüchböst

brosse dorsale

de Seep

savon

dat Bruusgeel

gel douche

dat Hoorwaschmiddel

shampooing

de Waschlappen

gant de toilette

de Afloop

écoulement

de Creme

crème

dat Deodorant

déodorant

de Spegel

miroir

de Kosmetikspegel

miroir cosmétique

de Raserer

rasoir

de Raseerschuum

mousse à raser

dat Raseerwater

après-rasage

de Kamm

peigne

de Böst

brosse

de Hoordröger

sèche-cheveux

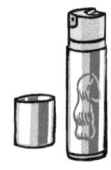

dat Hoorspray

laque pour cheveux

de Smink

fond de teint

de Lippensticken

rouge à lèvres

de Nagellack

vernis à ongles

de Watt

ouate

de Nagelscheer

coupe-ongles

dat Rüükwater

parfum

de Kulturbüdel

trousse de toilette

de Schemel

tabouret

de Waag

pèse-personne

de Baadmantel

peignoir

de Gummihanschen

gants de nettoyage

de Tampon

tampon

de Damenbinn

serviettes hygiéniques

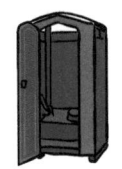

dat Chemieklo

toilette chimique

de Kinnerstuuv
chambre d'enfant

de Wecker
réveil
dat Knudeldeert
doudou
dat Speeltüüchauto
voiture jouet
de Klöter
hochet
dat Poppenhuus
maison de poupée
dat Geschenk
cadeau

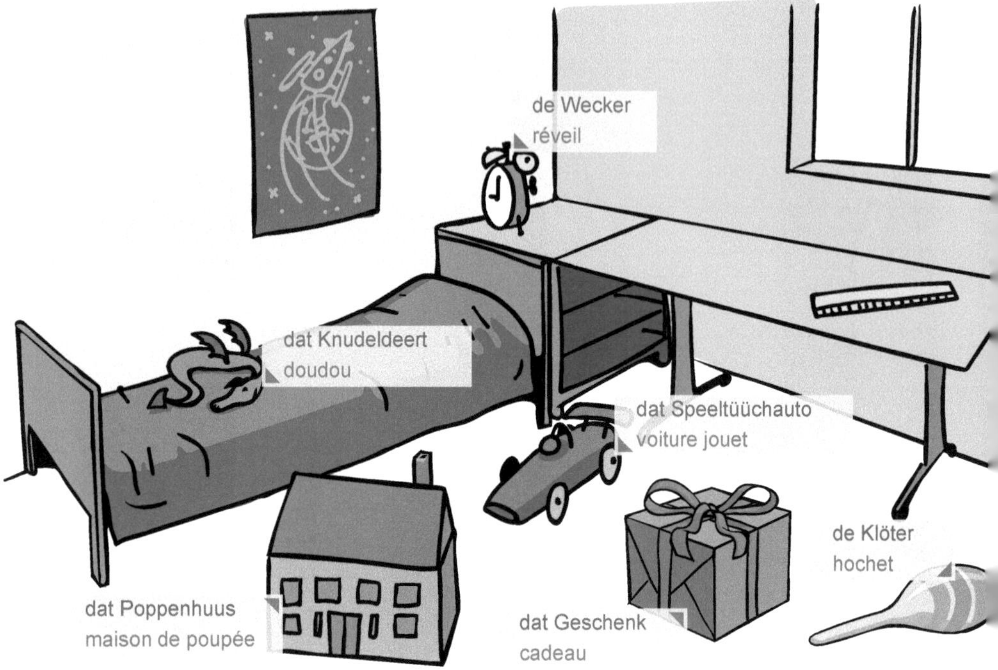

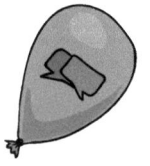

de Luftballon

ballon

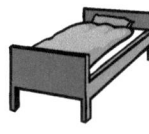

de Puuch

lit

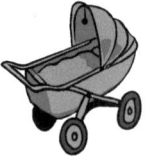

de Kinnerwagen

poussette

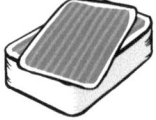

dat Koortenspeel

jeu de cartes

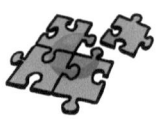

dat Puzzle

puzzle

de Billergeschicht

bande dessinée

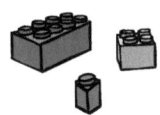

de Legostenen

pièces lego

de Bustenen

blocs de construction

de Action-Figur

figurine

de Strampelantog

grenouillère

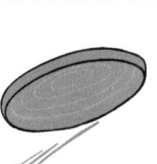

de Frisbeeschiev

frisbee

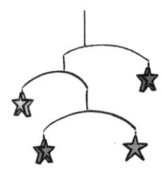

dat Mobile

mobile

dat Brettspeel

jeu de société

de Wörpel

dé

de Modelliesenbahn

train miniature

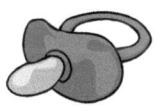

de Snuller

sucette

de Party

fête

dat Billerbook

livre d'images

de Ball

balle

de Popp

poupée

spelen

jouer

de Sandkassen

bac à sable

de Schuckel

balançoire

dat Speeltüüch

jouets

de Speelkonsool

console de jeu

dat Dreerad

tricycle

de Teddyboor

ours en peluche

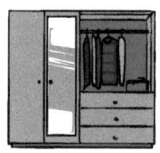

dat Klederschapp

armoire

dat Tüüch

vêtements

de Socken

chaussettes

de Strümp

bas

de Strumpbüx

collant

dat Halsdook
écharpe

de Liefreem
ceinture

de Paraplü
parapluie

dat T-Shirt
t-shirt

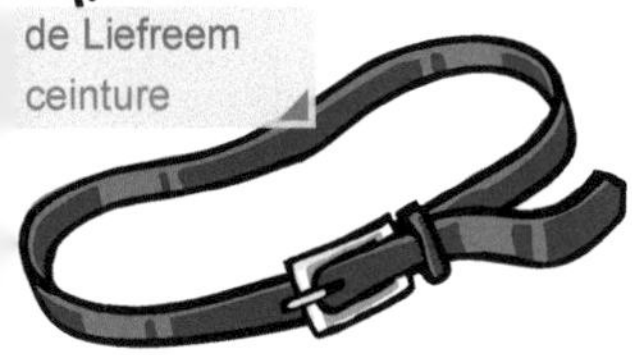

de Stevel
bottes

de Puuschen
pantoufles

de Turnschoh
baskets

de Sandalen
....
sandales

de Schoh
....
chaussures

de Gummistevel
....
bottes de caoutchouc

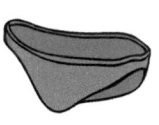

de Ünnerbüx
....
sous-vêtements

de Bostholler
....
soutien-gorge

dat Ünnerhemd
....
maillot de corps

de Lief

body

de Büx

pantalon

de Jeansnüx

jean

de Rock

jupe

de Bluus

chemisier

dat Hemd

chemise

de Pullover

pull

de Kapuzenpullover

sweat à capuche

de Blazer

veste

de Jack

veste

de Mantel

manteau

de Övertrecker

imperméable

dat Kostüm

costume

dat Kleed

robe

dat Hochtietskleed

robe de mariée

de Antog

costume

dat Nachtkleed

chemise de nuit

de Slaapantog

pyjama

de Sari

sari

dat Koppdook

foulard

de Turban

turban

de Burka

burqa

de Kaftan

caftan

de Abaya

abaya

de Baadantog

maillot de bain

de Baadbüx

maillot de bain

de Korte Büx

short

de Antog to'n Öven

enue d'entraînement

de Schört

tablier

de Handschoh

gants

de Knopp

bouton

de Brill

lunettes

dat Armband

bracelet

de Halskeed

collier

de Ring

bague

de Ohrbummel

boucle d'oreille

de Mütz

bonnet

de Klederbögel

cintre

de Hoot

chapeau

de Binner

cravate

de Rietslüter

fermeture éclair

de Helm

casque

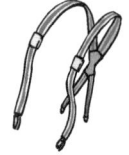

dat Drachtband

bretelles

de Schooluniform

uniforme scolaire

de Uniform

uniforme

de Severböten
bavoir

de Snuller
sucette

de Winnel
lange

dat Büro
bureau

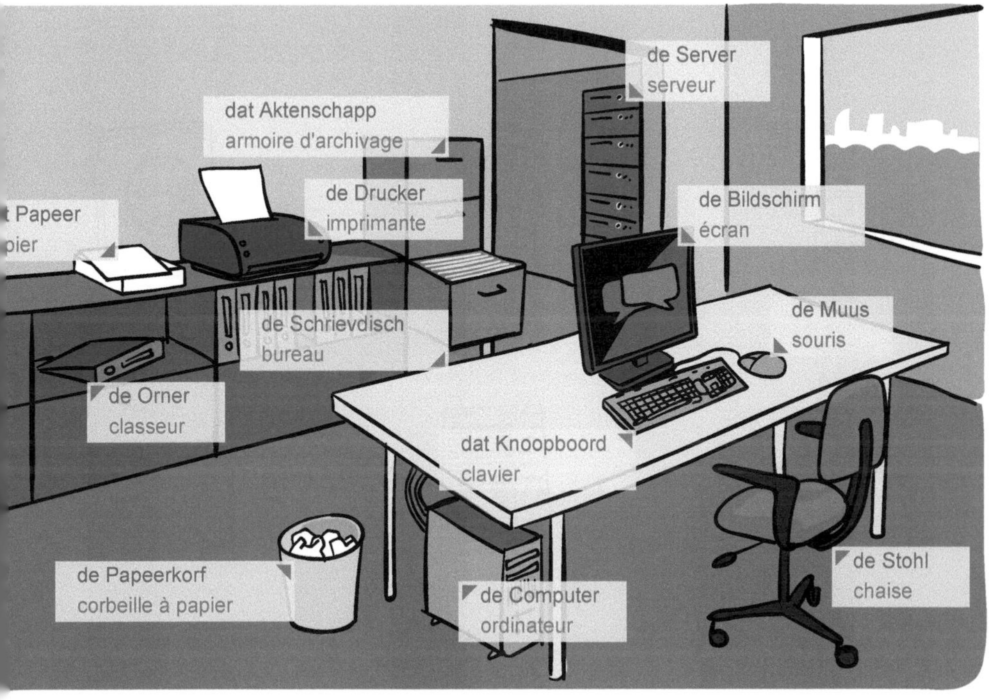

de Server
serveur

dat Aktenschapp
armoire d'archivage

de Drucker
imprimante

de Bildschirm
écran

t Papeer
pier

de Schrievdisch
bureau

de Muus
souris

de Orner
classeur

dat Knoopboord
clavier

de Papeerkorf
corbeille à papier

de Stohl
chaise

de Computer
ordinateur

de Koffiebeker
tasse de café

de Taschenreekner
calculatrice

dat Internet
internet

de Klappreekner

ordinateur portable

de Breef

lettre

de Naricht

message

de Ackersnacker

portable

dat Nettwark

réseau

de Kopeerapparat

photocopieuse

de Software

logiciel

de Klöönkassen

téléphone

de Steekdoos

prise

de Faxapparat

fax

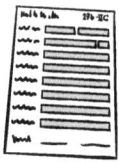

dat Formulor

formulaire

dat Dokument

document

köpen
....
acheter

betahlen
....
payer

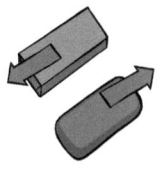

hanneln
....
faire du commerce

dat Geld
....
monnaie

USD

de Dollar
....
dollar

EUR

de Euro
....
euro

JPY

de Yen
....
yen

RUB

de Ruvel
....
rouble

CHF

de Swiezer Franken
....
franc suisse

CNY

de Renminbi Yuan
....
renminbi yuan

INR

de Rupie
....
roupie

de Geldautomat
....
distributeur automatique

de Wesselstuuv

bureau de change

dat Gold

or

dat Sülver

argent

dat Ööl

pétrole

de Energie

énergie

de Pries

prix

de Verdrag

contrat

de Stüer

taxe

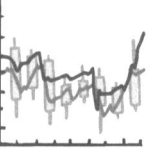

de Andeelschien

action

arbeiden

travailler

de Anstellte

employé

de Arbeitgever

employeur

de Fabrik

usine

de Hökerie

magasin

de Profeschonen
professions

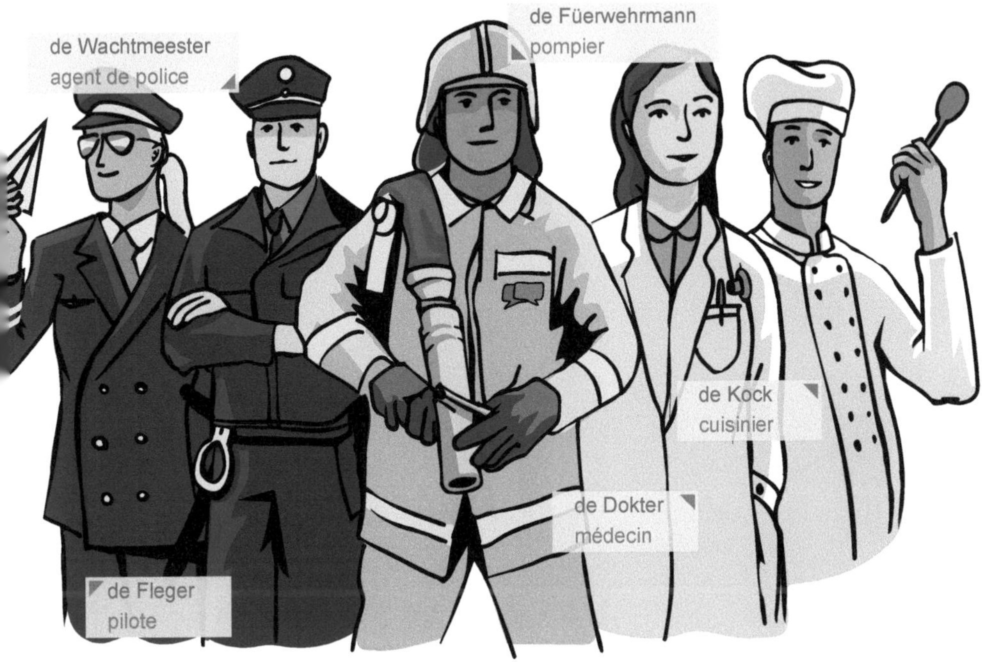
de Wachtmeester
agent de police
de Füerwehrmann
pompier
de Kock
cuisinier
de Dokter
médecin
de Fleger
pilote

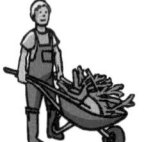

de Goorner

jardinier

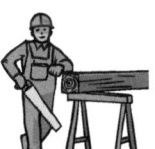

de Discher

menuisier

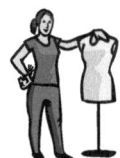

de Neihersche

couturière

de Richter

juge

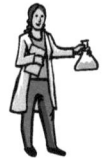

de Chemiker

chimiste

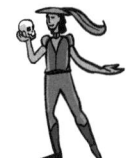

de Schauspeler

acteur

de Busfohrer

conducteur de bus

de Taxifohrer

chauffeur de taxi

de Fischer

pêcheur

de Reinmaakfru

femme de ménage

de Dackdecker

couvreur

de Kellner

serveur

de Jäger

chasseur

de Maler

peintre

de Bäcker

boulanger

de Elektriker

électricien

de Buarbeider

ouvrier

de Ingenieur

ingénieur

de Slachter

boucher

de Klempner

plombier

de Postbüdel

facteur

de Suldat

soldat

de Architekt

architecte

de Kasserer

caissier

de Florist

fleuriste

de Putzbüdel

coiffeur

de Schaffner

contrôleur

de Mechaniker

mécanicien

de Kaptein

capitaine

de Tähndokter

dentiste

de Wetenschopler

scientifique

de Rabbi

rabbin

de Imam

imam

de Mönk

moine

de Paap

prêtre

dat Warktüüch

outils

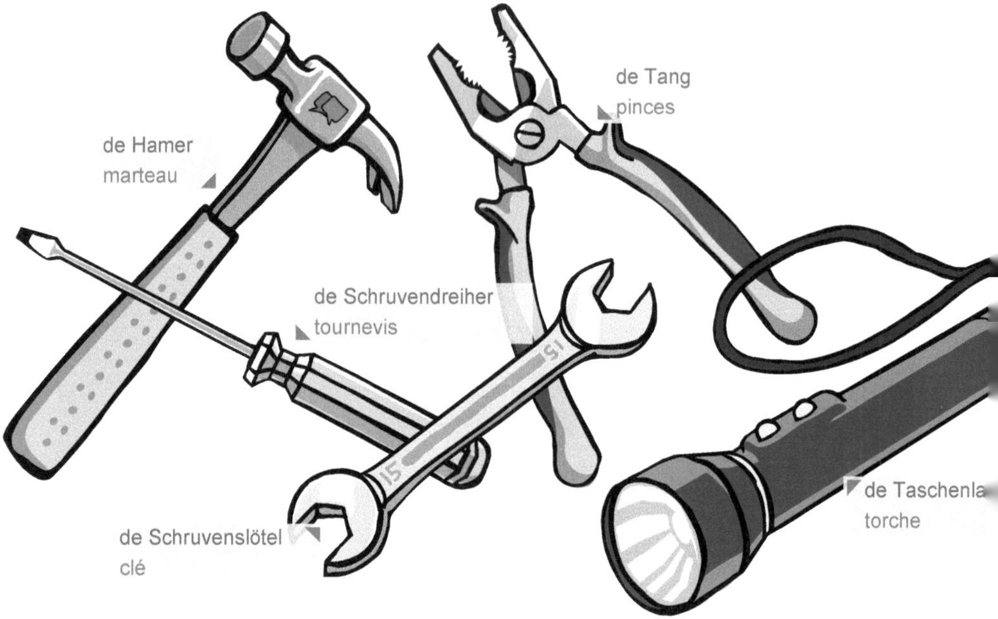
de Tang
pinces
de Hamer
marteau
de Schruvendreiher
tournevis
de Taschenla
torche
de Schruvenslötel
clé

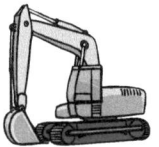

de Grieper

pelleteuse

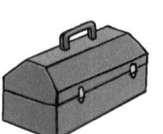

de Warktüüchkassen

boîte à outils

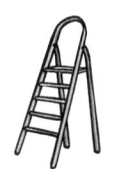

de Ledder

échelle

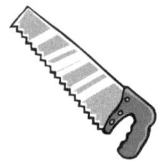

de Saag

scie

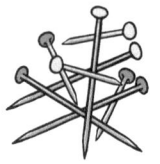

de Nagels

clous

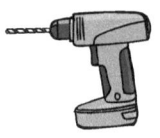

de Bohrer

perceuse

heelmaken
réparer

de Schüffel
pelle

Schiet!
Mince !

dat Kehrblick
pelle

de Farvpott
pot de peinture

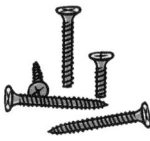

de Schruven
vis

de Musikinstrumenten
instruments de musique

dat Slagtüüch
batterie

de Luutsnacker
haut-parleurs

de Rietfiedel
guitare

de Bass-Vigelien
contrebasse

de Trumpeet
trompette

dat Klaveer

piano

de Vigelien

violon

de Bass

basse

de Pauk

timbales

de Trummeln

tambour

dat Keyboard

piano électrique

dat Saxophon

saxophone

de Fleut

flûte

dat Mikrofoon

microphone

de Ingang
entrée

de Tiger
tigre

de Käfig
cage

dat Zebra
zèbre

dat Deertenfoder
alimentation animale

de Panda-Boor
panda

de Deerten

animaux

de Elefant

éléphant

dat Känguru

kangourou

dat Neeshoorn

rhinocéros

de Gorilla

gorille

de Boor

ours

dat Kameel

chameau

de Struuß

autruche

de Lööv

lion

de Aap

singe

de Flamingo

flamand rose

de Papagoi

perroquet

de Iesboor

ours polaire

de Pinguin

pingouin

de Haifisch

requin

de Pageluun

paon

de Slang

serpent

dat Krokodil

crocodile

de Oppasser in'n
Deertenpark

gardien de zoo

de Saalhund

phoque

de Jaguor

jaguar

dat Pony
poney

de Leopard
léopard

dat Nilpeerd
hippopotame

de Giraff
girafe

de Aadler
aigle

dat Wildswien
sanglier

de Fisch
poisson

de Schildkrööt
tortue

dat Walross
morse

de Voss
renard

de Gazell
gazelle

de Amerikaansch Football
american Football

dat Radfohren
cyclisme

dat Tennis
tennis

de Korfball
basket-ball

dat Swümmen
natation

dat Boxen
boxe

dat Ieshockey
hockey sur glace

de Football
football

dat Fedderball
badminton

de Leichtathletik
athlétisme

de Handball
handball

dat Skilopen
ski

dat Polo
polo

de Aktivitäten

activités

springen
sauter
ümarmen
embrasser
lachen
rire
gahn
marcher
singen
chanter
drömen
rêver
beden
prier
snuteln
faire la bise

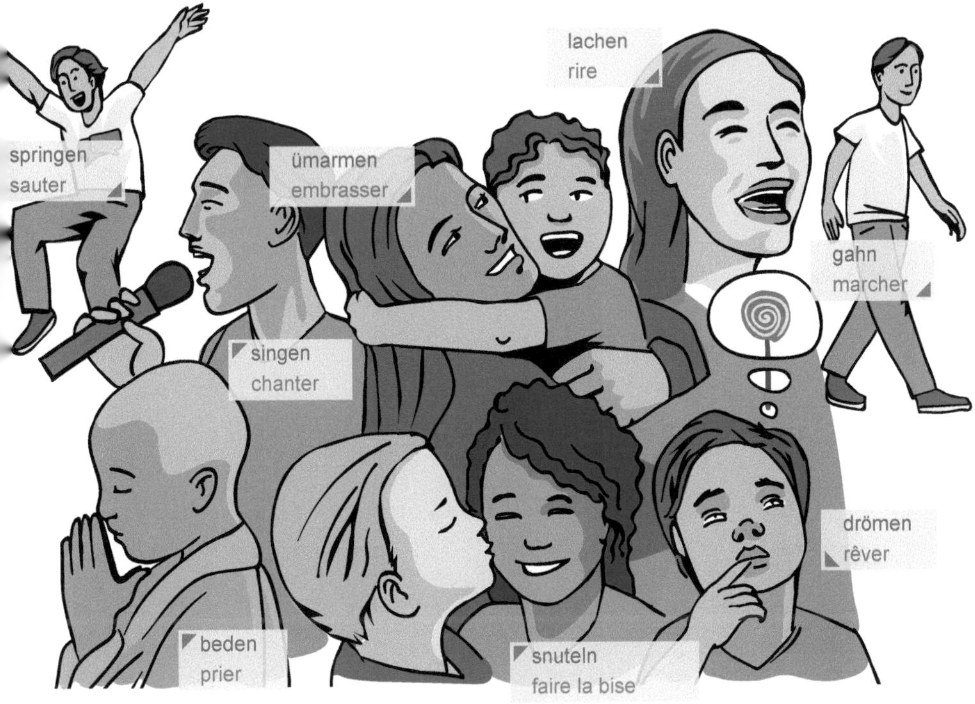

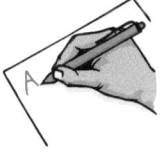

schrieven

écrire

teken

dessiner

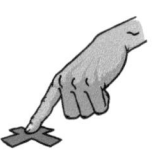

wiesen

montrer

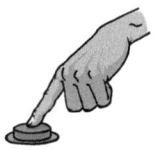

drücken

pousser

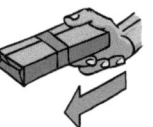

geven

donner

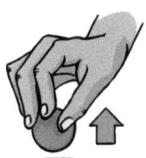

nehmen

prendre

hebben

avoir

doon

faire

sien

être

stahn

être debout

lopen

courir

trecken

trier

smieten

jeter

fallen

tomber

liggen

être couché

töven

attendre

dregen

porter

sitten

être assis

antrecken

s'habiller

slapen

dormir

opwaken

se réveiller

ankieken

regarder

wenen

pleurer

eien

caresser

kämmen

peigner

snacken

parler

verstahn

comprendre

fragen

demander

hören

écouter

drinken

boire

eten

manger

oprümen

ranger

leefhebben

aimer

kaken

cuire

fohren

conduire

flegen

voler

segeln

faire de la voile

reken

calculer

lesen

lire

lehren

apprendre

arbeiden

travailler

de Plünnen tohoopsmieten

se marier

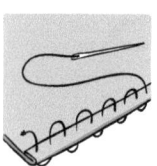

neihen

coudre

Tähnen putzen

brosser les dents

dootmaken

tuer

smöken

fumer

schicken

envoyer

Grootmoder
nd-mère

de Grootvadder
grand-père

de Vadder
père

de Moder
mère

Ninnelkind

de Dochter
fille

de Söhn
fils

de Gast

hôte

de Tant

tante

de Unkel

oncle

de Broder

frère

de Süster

sœur

de Lief
corps

de Vörkopp
front
dat Oog
œil
de Schuller
épaule
de Finger
doigt
dat Gesicht
visage
dat Kinn
menton
de Hand
main
dat Been
jambe
de Bost
poitrine
de Arm
bras

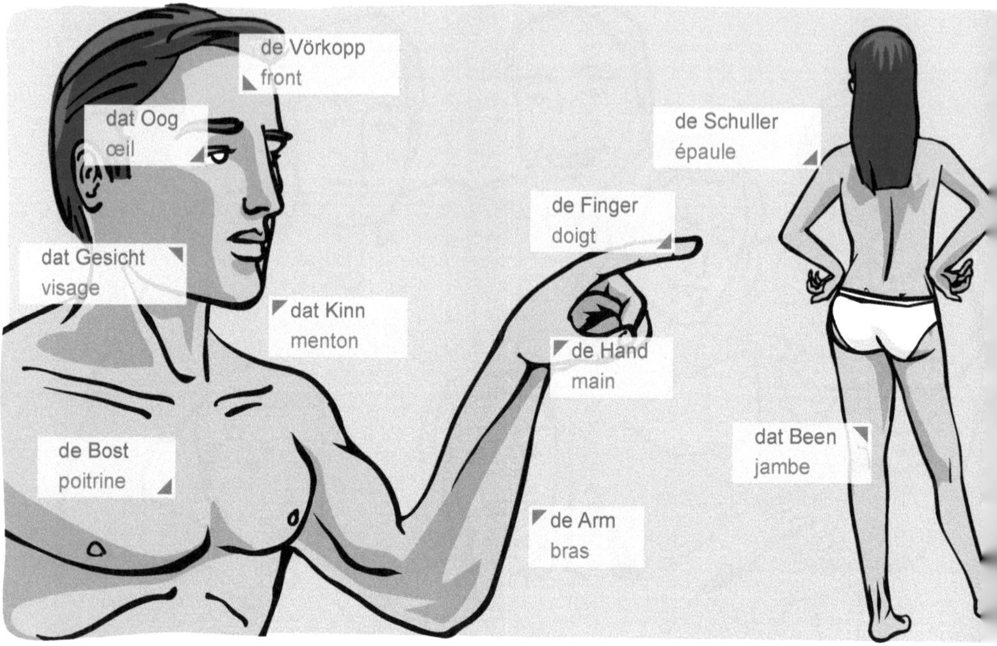

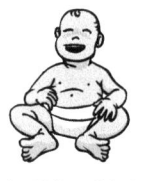

dat Winnelkind

bébé

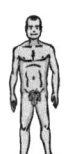

de Mann

homme

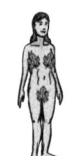

de Fro

femme

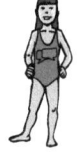

de Deern

fille

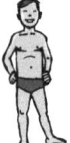

de Jung

garçon

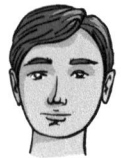

de Arm

tête

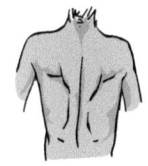

de Rüch

dos

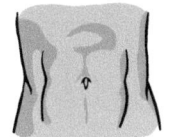

de Buuk

ventre

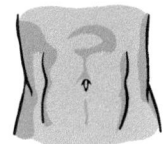

de Navel

nombril

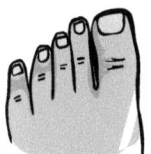

de Teh

orteil

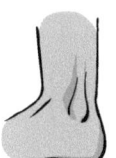

de Hack

talon

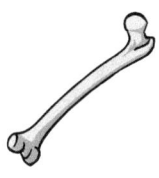

de Knaken

os

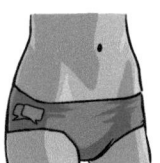

de Hüft

hanche

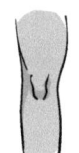

dat Knee

genou

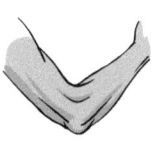

de Ellbagen

coude

de Nees

nez

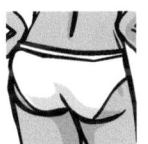

de Achtersen

fesses

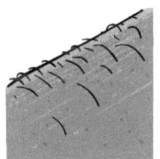

de Huut

peau

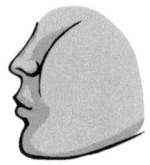

de Back

joue

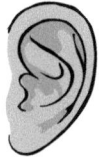

dat Ohr

oreille

de Lipp

lèvre

de Mund

bouche

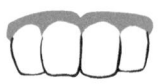

de Tähn

dent

de Tung

langue

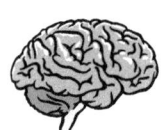

de Bregen

cerveau

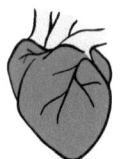

dat Hart

cœur

de Muskel

muscle

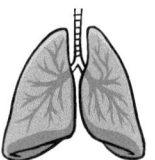

de Lung

poumons

de Lever

foie

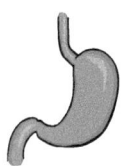

de Maag

estomac

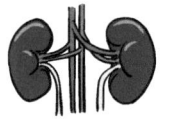

de Neren

reins

de Bislaap

rapport sexuel

dat Kondoom

préservatif

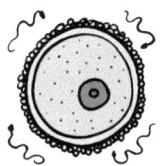

de Eizell

ovule

dat Sperma

sperme

de Anner Ümstänn

grossesse

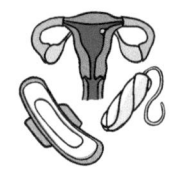

de Menstruatschoon

menstruation

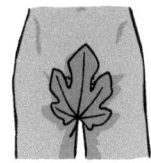

de Scheed

vagin

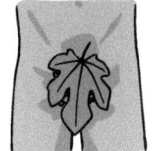

de Pint

pénis

de Ogenbroe

sourcil

dat Hoor

cheveux

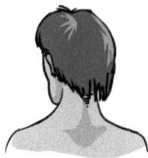

de Hals

cou

dat Krankenhuus
hôpital

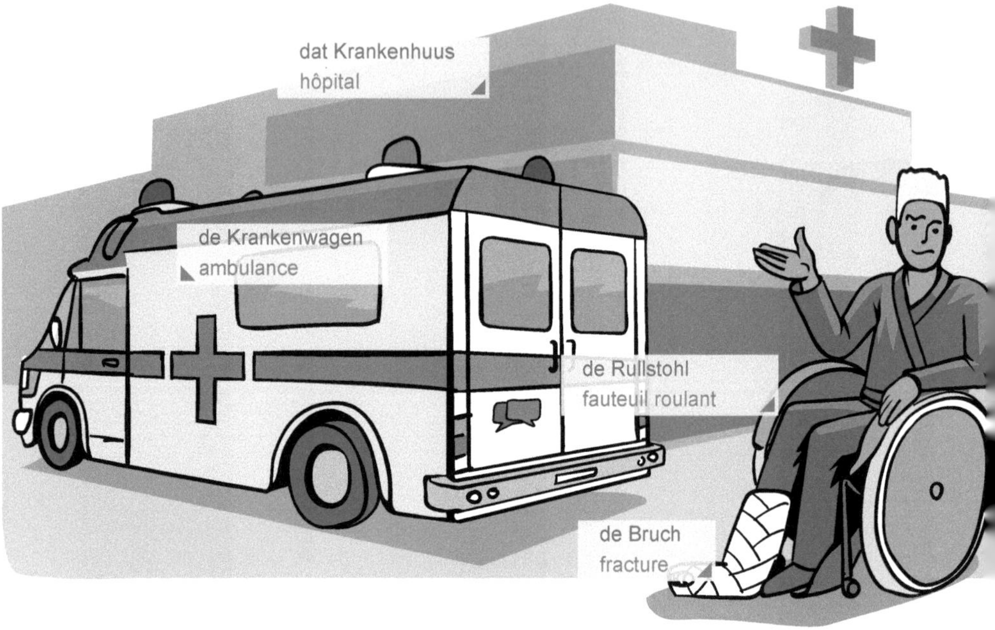

dat Krankenhuus
hôpital
de Krankenwagen
ambulance
de Rullstohl
fauteuil roulant
de Bruch
fracture

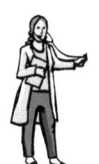

de Dokter

médecin

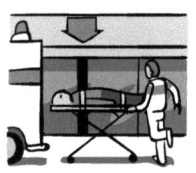

de Nootopnahm

service des urgences

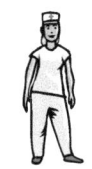

de Krankensüster

infirmière

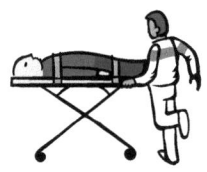

de Nootfall

urgence

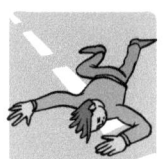

ahnmächtig

inconscient

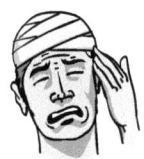

de Wehdaag

douleur

de Verwunnen

blessure

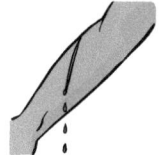

de Blöden

hémorragie

de Hartinfarkt

crise cardiaque

de Slaganfall

attaque cérébrale

de Allergie

allergie

de Hoosten

toux

dat Fever

fièvre

de Gripp

grippe

de Dörchfall

diarrhée

de Koppwehdaag

mal de tête

de Kreeft

cancer

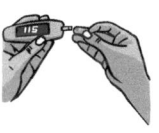

de Zuckersüük

diabète

de Chirurg

chirurgien

dat Chirurgsch Mess

scalpel

de Operatschoon

opération

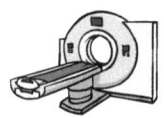

dat CT

CT

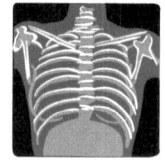

de Dörchlüchten

radiographie

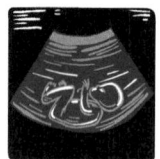

de Ultraschall

échographie

de Mask

masque

de Krankheit

maladie

de Töövruum

salle d'attente

de Krück

béquille

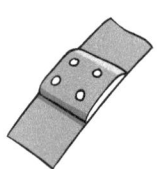

dat Plaaster

pansement

de Verband

pansement

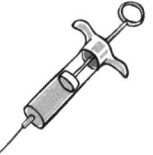

de Insprütten

injection

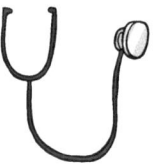

dat Stethoskop

stéthoscope

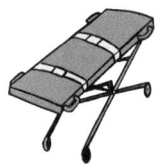

de Draag

brancard

dat Feverthermometer

thermomètre

de Geboort

accouchement

dat Övergewicht

surcharge pondérale

dat Krankenhuus - hôpital

de Höörapparat

appareil auditif

dat Kiemfriemiddel

désinfectant

de Ansteken

infection

de Virus

virus

dat HIV / AIDS

VIH / sida

dat Heelmiddel

médicament

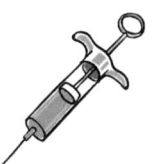

de Impen

vaccination

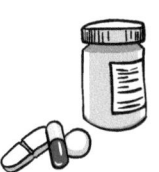

de Tabletten

comprimés

de Pill

pilule

de Nootroop

appel d'urgence

de Blootdruck-Meter

tensiomètre

krank / gesund

malade / sain

Hölp!

Au secours !

de Alarm

alarme

de Överfall

assaut

de Angreep

attaque

de Gefohr

danger

de Nootutgang

sortie de secours

dat Füer!

Au feu!

de Füerlöscher

extincteur

de Unfall

accident

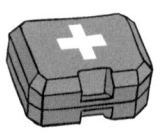

de Noothölpkoffer

trousse de premier secours

SOS

SOS

de Polizei

police

Europa

Europe

Noordamerika

Amérique du Nord

Süüdamerika

Amérique du Sud

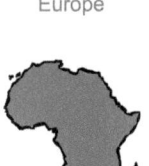

Afrika

Afrique

Asien

Asie

Australien

Australie

de Atlantik

Océan atlantique

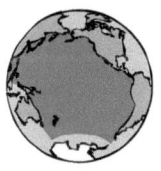

de Pazifik

Océan pacifique

dat Indisch Weltmeer

Océan indien

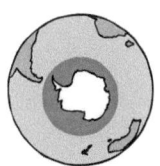

t Antarktisch Weltmeer

Océan antarctique

dat Arktisch Weltmeer

Océan arctique

de Noordpol

pôle nord

de Süüdpol

pôle sud

de Antarktis

Antarctique

de Eerd

terre

dat Land

pays

de See

mer

dat Eiland

île

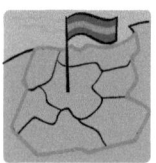

de Natschoon

nation

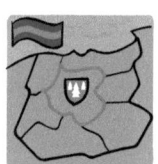

de Staat

état

dat Tallenblatt

cadran

de Stunnenwieser

aiguille des heures

de Minutenwieser

aiguille des minutes

de Sekunnenwieser

aiguille des secondes

Wo laat is dat?

Quelle heure est-il ?

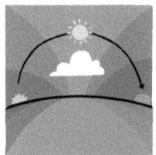

de Dag

jour

de Tiet

temps

nu

maintenant

de digetaalsch Klock

montre digitale

de Minuut

minute

de Stunn

heure

de Week
semaine

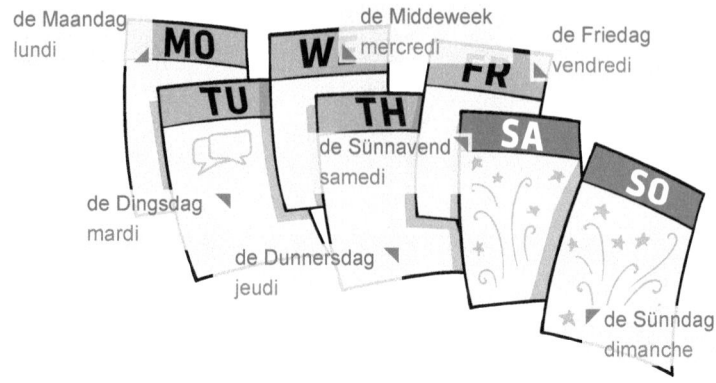

de Maandag
lundi

de Middeweek
mercredi

de Friedag
vendredi

de Dingsdag
mardi

de Sünnavend
samedi

de Dunnersdag
jeudi

de Sünndag
dimanche

güstern

hier

hüüt

aujourd'hui

morgen

demain

de Morgen

matin

de Meddag

midi

de Avend

soir

de Arbeitsdaag

jours ouvrables

dat Wekenenn

week-end

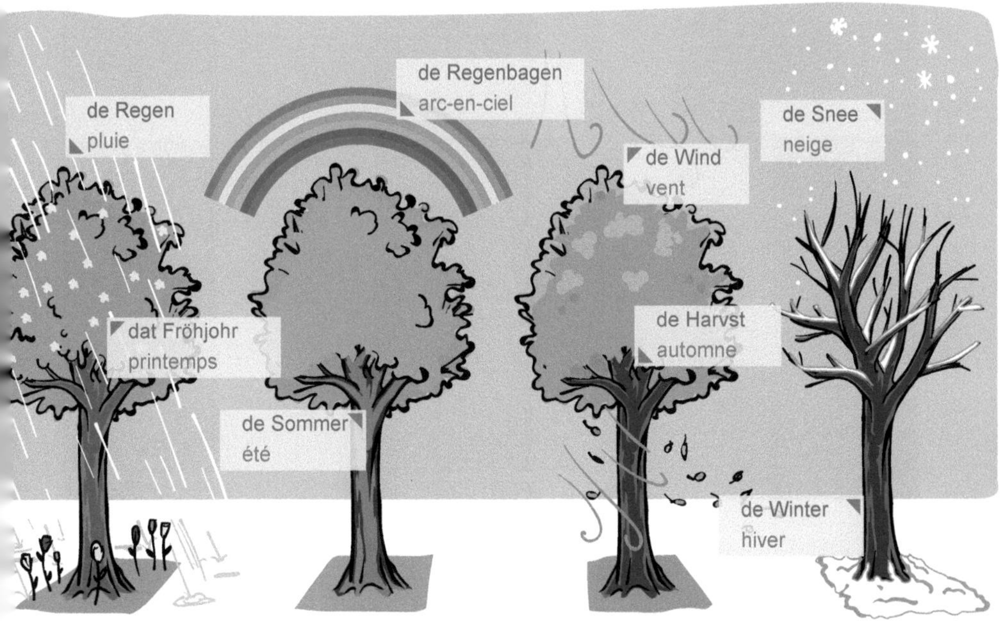

de Regen
pluie
de Regenbagen
arc-en-ciel
de Wind
vent
de Snee
neige
dat Fröhjohr
printemps
de Harvst
automne
de Sommer
été
de Winter
hiver

4.APRIL 11°
5.APRIL 4°
6.APRIL 13°
7.APRIL 8°
8.APRIL 10°

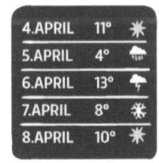

de Wedervörhersaag

météo

F
C
120
90
60
30
0
-30
40
30
20
10
0
-10
-20

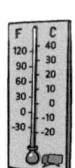

dat Thermometer

thermomètre

de Sünnenschien

lumière du soleil

de Wulk

nuage

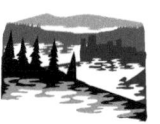

de Nevel

brouillard

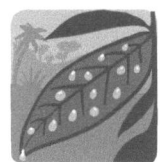

de Luftfuchtigkeit

humidité

de Blitz

foudre

de Dunner

tonnerre

de Storm

tempête

de Hagel

grêle

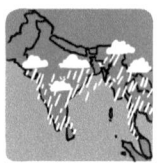

de Monsun

mousson

de Floot

inondation

dat Ies

glace

de Januormaand

janvier

de Februormaand

février

de Martmaand

mars

de Aprilmaand

avril

de Maimaand

mai

de Junimaand

juin

de Julimaand

juillet

de Augustmaand

août

dat Johr - année

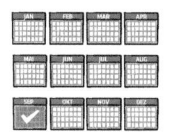

de Septembermaand
septembre

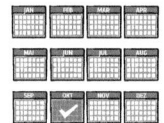

de Oktobermaand
octobre

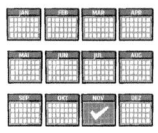

de Novembermaand
novembre

de Dezembermaand
décembre

de Formen
formes

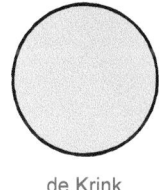

de Krink
cercle

dat Quadrat
carré

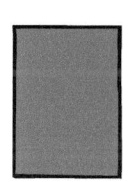

dat Rechteck
rectangle

dat Dreeeck
triangle

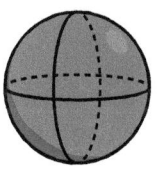

de Kugel
sphère

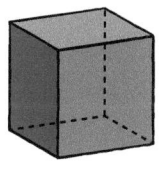

de Wörpel
cube

witt
blanc

geel
jaune

orangsch
orange

pink
rose

root
rouge

lila
violet

blau
bleu

gröön
vert

bruun
marron

gries
gris

swart
noir

veel / wenig

beaucoup / peu

böös / verdreeglich

fâché / calme

smuck / mies

joli / laid

de Begünn / dat Enn

début / fin

groot / lütt

grand / petit

hell / düüster

clair / obscure

de Broder / de Süster

frère / soeur

schier / schietig

propre / sale

kumpleet / nich kumpleet

complet / incomplet

de Dag / de Nacht

jour / nuit

doot / lebennig

mort / vivant

breet / small

large / étroit

geneetbor / nich geneetbor

comestible / incomestible

böös / fründlich

méchant / gentil

fickerig / langwielt

excité / ennuyé

dick / dünn

gros / mince

toerst / toletzt

premier / dernier

de Fründ / de Fiend

ami / ennemi

vull / leddig

plein / vide

hart / week

dur / souple

swoor / licht

lourd / léger

de Smacht / de Döst

faim / soif

krank / gesund

malade / sain

nich na't Recht / na't Recht

illégal / légal

klook / dummerhaftig

intelligent / stupide

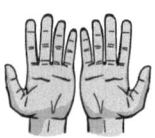

linkerhand / rechterhand

gauche / droite

neeg / feern

proche / loin

nieg / bruukt

nouveau / usé

nix / wat

rien / quelque chose

oolt / jung

vieux / jeune

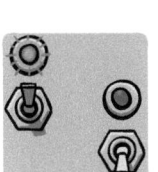

an / ut

marche / arrêt

apen / slaten

ouvert / fermé

lies / luut

faible / fort

riek / arm

riche / pauvre

richtig / verkehrt

correct / incorrect

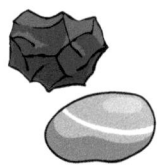

ruug / glatt

rugueux / lisse

trurig / glücklich

triste / heureux

kort / lang

court / long

suutje / flink

lent / rapide

natt / dröög

mouillé / sec

warm / köhl

chaud / froid

de Krieg / de Freden

guerre / paix

0

null

zéro

1

een

un / une

2

twee

deux

3

dree

trois

4

veer

quatre

5

fief

cinq

6

söss

six

7

söven

sept

8

acht

huit

9

negen

neuf

10

teihn

dix

11

ölven

onze

12

twölf
douze

13

dörteihn
treize

14

veerteihn
quatorze

15

föffteihn
quinze

16

sössteihn
seize

17

söventeihn
dix-sept

18

achtteihn
dix-huit

19

negenteihn
dix-neuf

20

twintig
vingt

100

hunnert
cent

1.000

dusend
mille

1.000.000

million
million

de Tallen - nombres

dat Engelsch

anglais

dat Amerikaansch Engelsch

anglais américain

dat Chineesch Mandarin

chinois mandarin

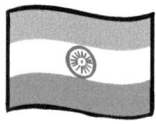

dat Hindi

hindi

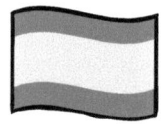

dat Spaansch

espagnol

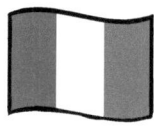

dat Franzöösch

français

dat Araabsch

arabe

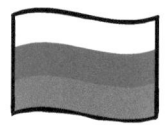

dat Rusch

russe

dat Portugiesch

portugais

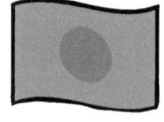

dat Bengaalsch

bengali

dat Düütsch

allemand

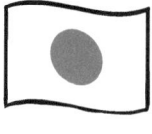

dat Japaansch

japonais

ik

je

du

tu

he / se / dat

il / elle / ce, c', cela

wi

nous

ji

vous

se

ils / elles

keen?

Qui ?

wat?

Quoi ?

woans?

Comment ?

woneem?

Où ?

wannehr?

Quand ?

de Naam

nom

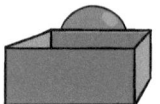

achter

derrière

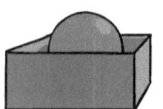

in

dans

vör

devant

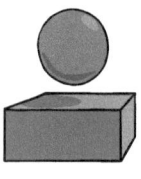

över

au-dessus

op

sur

ünner

en-dessous

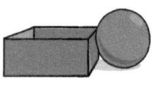

blangen

à côté de

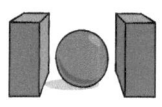

twüschen

entre

de Oort

lieu